LOS PRINCIPIOS DE LA DEMOCRACIA

¿QUÉ ES LA IGUALDAD?

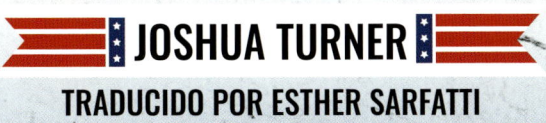

JOSHUA TURNER

TRADUCIDO POR ESTHER SARFATTI

PowerKiDS press

New York

Published in 2020 by The Rosen Publishing Group, Inc.
29 East 21st Street, New York, NY 10010

Copyright © 2020 by The Rosen Publishing Group, Inc.

All rights reserved. No part of this book may be reproduced in any form without permission in writing from the publisher, except by a reviewer.

First Edition

Translator: Esther Sarfatti
Editor, Spanish: María Cristina Brusca
Book Design: Reann Nye

Photo Credits: Seriest art Bplanet/Shutterstock.com; cover Jose Luis Pelaez Inc/DigitalVision/Getty Images; p. 5 Dave Nagel/Stone/Getty Images; p. 7 Everett Historical/Shutterstock.com; p. 9 Robert W. Kelley/The LIFE Picture Collection/Getty Images; p. 11 John Fedele/Blend Images/Getty Images; p. 13 Blend Images/Shutterstock.com; p. 15 Hero Images/Getty Images; p. 17 https://commons.wikimedia.org/wiki/File:1944_portrait_of_FDR_(1).jpg; p.19 AZAM Jean-Paul/hemis.fr/Getty Images; p. 21 gradyreese/E+/Getty Images; p. 22 wavebreakmedia/Shutterstock.com.

Cataloging-in-Publication Data

Names: Turner, Joshua.
Title: ¿Qué es la igualdad? / Joshua Turner.
Description: New York : PowerKids Press, 2020. | Series: Los principios de la democracia | Includes glossary and index.
Identifiers: ISBN 9781538349205 (pbk.) | ISBN 9781538349229 (library bound) | ISBN 9781538349212 (6 pack)
Subjects: LCSH: Equality–Juvenile literature. | Toleration–Juvenile literature.
Classification: LCC HM821.T87 2019 | DDC 305–dc23

Manufactured in the United States of America

CPSIA Compliance Information: Batch #CWPK19: For Further Information contact Rosen Publishing, New York, New York at 1-800-237-9932

CONTENIDO

¿QUÉ ES LA IGUALDAD? 4
LA IGUALDAD DE GÉNERO 6
LA IGUALDAD SOCIAL 8
LA IGUALDAD ECONÓMICA 10
LA IGUALDAD EN UNA DEMOCRACIA . . . 12
¿PODEMOS SER TODOS IGUALES? 14
LA DESIGUALDAD 16
LA IGUALDAD EXTREMA 18
¿QUÉ TIPO DE SOCIEDAD QUIERES? 20
LA IGUALDAD EN LA VIDA DIARIA 22
GLOSARIO 23
ÍNDICE 24
SITIOS DE INTERNET 24

¿QUÉ ES LA IGUALDAD?

Imagínate que tu maestra te pide a ti y a un grupo de amigos que hagan una tarea. En el grupo hay chicos y chicas de diferentes edades y **procedencias** sociales. Todos en el grupo trabajan arduamente, se esfuerzan y terminan la tarea.

Entonces tu maestra decide que, puesto que todos han hecho un buen trabajo, todos se **merecen** un premio. Todo el mundo recibirá el mismo premio porque todos han hecho el mismo trabajo. Eso es la igualdad.

EL ESPÍRITU DE LA DEMOCRACIA

Una de las primeras veces que una sociedad intentó que todo el mundo tuviera igualdad de derechos fue en Europa durante la **Ilustración**. De allí nos viene la democracia, donde todo el mundo tiene igualdad de voz en su gobierno.

La igualdad implica que a todo el mundo se le tratará de forma equitativa según lo que haga y lo bien que lo haga.

LA IGUALDAD DE GÉNERO

La igualdad de **género** significa que cada persona, sea cual sea su género, tiene las mismas oportunidades de tener éxito. No importa si eres hombre o mujer: todo el mundo tiene la posibilidad de estudiar, conseguir un trabajo, votar en las elecciones e incluso presentarse a un cargo público.

Las mujeres y los hombres no siempre han tenido igualdad bajo la ley. En muchos lugares, aún no la tienen. Estados Unidos ha avanzado mucho en la creación de oportunidades iguales para que tanto hombres como mujeres puedan tener éxito.

Susan B. Anthony fue una de las primeras mujeres que luchó por la igualdad de la mujer. Con su ayuda, en 1920, las mujeres consiguieron el mismo derecho al voto que los hombres.

LA IGUALDAD SOCIAL

La igualdad social es el hecho de respetar y **apreciar** a todos por las cosas que pueden aportar, o dar, a la sociedad. Los movimientos, como los de los derechos civiles, han ayudado a crear más igualdad de oportunidades para todos.

En una democracia, la posición social no debería importar a la hora de pensar en qué cosas puede aportar cada uno a la sociedad y el respeto que se merece. Aprender que todo el mundo puede tener un papel en la sociedad nos puede ayudar a crear un mundo con mayor igualdad social.

EL ESPÍRITU DE LA DEMOCRACIA

Martin Luther King Jr. luchó por la igualdad social en los años 50 y 60. Él creía que los negros y los blancos deberían poder ir a las mismas escuelas, desempeñar los mismos trabajos y recibir el mismo trato por parte de la policía.

Respetar a todo el mundo y tener igualdad ante la ley son ideas clave de la igualdad social.

LA IGUALDAD ECONÓMICA

La economía es mucho más que el manejo de dinero. También se refiere a cómo se producen, se venden y se compran los bienes y servicios. El valor del dinero, las propiedades y las **posesiones** de cada uno se denominan *riqueza*.

La igualdad económica considera que todo el mundo en una sociedad debe tener las mismas oportunidades de **obtener** riqueza. La desigualdad de ingresos, o el reparto desigual del dinero dentro de una sociedad, a menudo impide una igualdad económica. También lo hace la desigualdad de salarios; por ejemplo, cuando las mujeres ganan menos dinero que los hombres por hacer el mismo trabajo.

> En Estados Unidos, a menudo se dice que los ricos se hacen más ricos mientras los pobres se hacen más pobres. Esta desigualdad de ingresos impide que nuestro país tenga igualdad económica.

LA IGUALDAD EN UNA DEMOCRACIA

¿Qué significa la igualdad en una democracia? Sobre todo, significa que cada persona, sea cual sea su género, posición social o **situación** económica, tiene derecho a votar y que todos los votos cuentan por igual.

La igualdad en una democracia también puede significar que cada persona pueda recibir una buena educación. Una buena educación ayuda a la gente a estar **informada** para poder tomar buenas decisiones, saber por quién quiere votar y por qué, y a tomar parte en la sociedad.

EL ESPÍRITU DE LA DEMOCRACIA

Francia fue uno de los primeros países de Europa en dar a sus ciudadanos el derecho al voto para elegir a sus líderes. Hoy Francia es una de las principales democracias del mundo.

Cuando hay igualdad, todos los votos valen exactamente igual, incluso el del presidente. Poder votar es lo más importante para que haya igualdad en una democracia.

¿PODEMOS SER TODOS IGUALES?

Todo el mundo puede ser igual, pero no exactamente de la misma manera. Piensa en tus compañeros de clase. Algunos son buenos en matemáticas, a otros se les da mejor la lectura y a otros, las ciencias.

Estos alumnos no son exactamente iguales en cuanto a lo que saben hacer mejor, pero son iguales en lo que pueden aportar al salón de clase y en el respeto que merecen por sus esfuerzos. Ser iguales no significa ser **idénticos**, sino que se **reconozcan** y respeten las habilidades y diferencias de cada uno.

> Igualdad no significa que todo el mundo sea exactamente igual, sino que cada uno es capaz de aportar algo importante al grupo.

LA DESIGUALDAD

La desigualdad ocurre cuando algunas personas tienen más derechos o mejores oportunidades que otras. Estas diferencias entre la gente pueden ser injustas y hacer mucho daño.

En una democracia, es importante saber si existe desigualdad para poder hacer cambios. Esto puede significar hacer nuevas leyes, **donar** tiempo o dinero o simplemente hablar con la gente para crear **conciencia**. La desigualdad es negativa en una sociedad, pero tiene solución. En una democracia, donde todo el mundo tiene voz, se pueden hacer cambios con mucho esfuerzo.

EL ESPÍRITU DE LA DEMOCRACIA

Ya sean los derechos de la mujer, de los trabajadores o los derechos civiles, en la historia de Estados Unidos la gente ha trabajado en la democracia para que nuestro país sea un lugar más igualitario para todos.

Franklin D. Roosevelt fue uno de los primeros presidentes en tratar de eliminar la desigualdad en Estados Unidos con el programa New Deal.

17

LA IGUALDAD EXTREMA

Una democracia es un gobierno para la gente y por la gente. Estados Unidos es una democracia representativa, lo cual significa que la gente elige **representantes** que hablan por ellos en el Gobierno.

La igualdad extrema ocurre cuando las personas deciden que quieren ser iguales en todos los aspectos. Esto puede incluir deshacerse de sus representantes y dirigir el gobierno de forma directa. Si todo el mundo intentara tener la misma participación en el gobierno, la democracia dejaría de existir. En ese caso, podría pasar que un solo líder se hiciera con todo el poder. Este tipo de líder, llamado *déspota*, suele ser injusto.

Montesquieu fue un gran pensador del siglo XVIII. Exploró la idea de igualdad extrema en su libro *El espíritu de las leyes*. Sus ideas ayudaron a dar forma al Gobierno de Estados Unidos.

18

¿QUÉ TIPO DE SOCIEDAD QUIERES?

Es importante considerar a la sociedad como un todo cuando pensamos en la igualdad. ¿En qué tipo de sociedad te gustaría vivir? ¿Quieres una sociedad en la que todo el mundo sea respetado y se reconozca el trabajo de todos los que hacen un esfuerzo? ¿O prefieres una sociedad menos igualitaria en la que la gente con talento y que trabaja arduamente consigue mucho más que los demás?

Tómate un momento para pensar en cuál es tu sociedad ideal. Toma en cuenta que ninguna sociedad es perfecta y que no existen respuestas correctas ni incorrectas.

EL ESPÍRITU DE LA DEMOCRACIA

El Consejo de Derechos Humanos de las Naciones Unidas es un grupo que ayuda a asegurar que la gente de todo el mundo tenga igualdad de derechos y la posibilidad de vivir vidas felices y saludables.

Pensar en qué tipo de sociedad quieres es una forma buenísima de saber qué significa la igualdad para ti.

LA IGUALDAD EN LA VIDA DIARIA

Prácticamente todos los días te puedes encontrar con situaciones o decisiones que tienen que ver de alguna manera con la igualdad. ¿Cómo debes tratar a las personas a tu alrededor? ¿Cómo se paga a la gente por su trabajo? ¿Son justas para todo el mundo las nuevas leyes que se aprueban?

Algunos aspectos de la igualdad en la vida diaria están fuera de tu control, pero otros no. Entender cómo la igualdad te afecta a ti y a los que te rodean es una de las partes más importantes de vivir en una sociedad igualitaria.

GLOSARIO

apreciar: admirar y valorar algo o a alguien.

conciencia: conocimiento de una realidad.

donar: dar algo para ayudar a una persona o una organización.

género: estado social y cultural de pertenecer al grupo masculino (para los hombres) o al grupo femenino (para las mujeres).

idéntico: exactamente igual.

Ilustración: movimiento del siglo XVIII que rechazaba las creencias tradicionales y favorecía la lógica y la ciencia.

informado(a): que tiene conocimiento.

merecer: usado para decir si alguien debe o no debe recibir algo.

obtener: ganar o conseguir algo, normalmente a través del esfuerzo.

posesión: algo que pertenece a alguien.

procedencia: origen o lugar de donde viene algo o alguien.

reconocer: decir que aceptas o que no niegas la verdad o la existencia de algo.

representante: alguien que actúa o habla de parte o en apoyo de otra persona o grupo.

situación: todos los hechos, condiciones y eventos que afectan a alguien o a algo en un determinado momento y lugar.

ÍNDICE

D
derechos civiles, 8, 16
desigualdad, 10, 16, 17

E
economía, 10
educación, 12

G
género, 6, 12, 23

P
posición social, 8, 12
procedencias, 4, 23

R
representantes, 18, 23
respeto, 8, 9, 14, 20
riqueza, 10

S
situación económica, 12

V
votar, 6, 12, 13

SITIOS DE INTERNET

Debido a que los enlaces de Internet cambian constantemente, PowerKids Press ha creado una lista de sitios de Internet relacionados con el tema de este libro. Este sitio se actualiza con regularidad. Por favor, utiliza este enlace para acceder a la lista:
www.powerkidslinks.com/pofd/equ